AF590078

NOTICE

SUR LA

VIE ET LES TRAVAUX DE M. LOUIS VILMORIN.

NOTICE

SUR LA

VIE ET LES TRAVAUX DE M. LOUIS VILMORIN

PAR

M. DUCHARTRE.

Extrait du Journal de la Société impériale et centrale d'Horticulture, VI, Juillet 1860, p. 448-461.

Lorsqu'une intelligence d'élite animant un corps valide, aidée par une organisation vigoureuse, exécute de grands travaux, dote le monde d'ouvrages importants, de découvertes utiles, agrandit le domaine des sciences et des arts, ses efforts couronnés de succès excitent justement notre admiration, bien qu'ils aient été accomplis dans les conditions normales de l'activité humaine; mais notre admiration s'accroît encore de notre étonnement quand nous voyons cette intelligence enfanter les mêmes prodiges asservie à des organes inertes, enchaînée fatalement à une constitution défectueuse, que des souffrances incessantes et de cruelles infirmités sembleraient condamner à une complète inaction. Nous avons peine à concevoir que l'esprit humain puisse se dégager de si lourdes entraves, et nos sentiments s'élèvent jusqu'à la vénération envers celui qui, dans ces conditions défavorables, se voue avec passion au culte de la science, et qui sait puiser dans son infatigable énergie les moyens de se livrer avec succès à des expériences utiles, à des recherches fructueuses et suivies.

Tels sont les sentiments que m'inspire l'homme distingué dont j'ai été chargé d'esquisser la vie et d'analyser rapidement les écrits. J'estime très-haut en M. Louis Vilmorin, l'observateur patient et sagace, l'expérimentateur ingénieux et persévérant, le physiologiste formé à l'école d'une pratique judicieuse et raisonnée; mais aussi j'admire, et je ne crains pas d'employer cette expression, je vénère en lui l'ami passionné de la science, dont la vie s'est passée à la fois au milieu des souffrances et des travaux, et qui, domptant une nature ennemie, a su déployer une rare activité scientifique lorsque l'inaction semblait être une conséquence presque forcée de ses infirmités. Ces sentiments seront aussi les vôtres, j'en suis convaincu, lorsque vous connaîtrez, dans les principaux détails de son existence et dans ses travaux, l'éminent collègue dont la perte récente a causé parmi nous d'unanimes regrets.

M. Pierre-Louis-François Lévêque de Vilmorin naquit à Paris le 18 avril 1816. Fils et petit-fils d'hommes distingués qui ont rendu leur nom célèbre comme agronomes et horticulteurs, appartenant à une famille dans laquelle les femmes elles-mêmes ont su, depuis plusieurs générations, partager avec un plein succès les travaux de leurs maris et les continuer, au besoin, après eux sans désavantage, il avait reçu en naissant l'amour des plantes, le goût de la culture. Encore très-jeune, il s'occupait de graines et de fleurs avec l'ardeur que les enfants de son âge apportent à leurs jeux ordinaires. Malheureusement, presque aussitôt, une maladie, aussi grave en elle-même que funeste par ses conséquences, vint entraver le développement d'une constitution que tout annonçait devoir être saine et vigoureuse. Il fut paralysé des deux jambes, dont l'une même resta sinon atrophiée, du moins très-imparfaitement formée et tellement affaiblie que, sans lui demander un appui qu'elle n'aurait pu lui prêter, il se vit forcé de la maintenir sans cesse au moyen d'une sorte d'armure cachée, qui fut pour lui un instrument permanent de torture. Bientôt après, une autre infirmité, plus cruelle peut-être que la première, mais moins apparente, vint affliger encore ce malheureux enfant et changer en un enchaînement de souffrances presque non interrompues une existence qui avait commencé sous les plus heureux auspices.

J'ai cru devoir rappeler d'abord ces cruelles épreuves auxquelles la Providence soumit M. L. Vilmorin dès sa plus tendre enfance, parce qu'il me semble que la douceur inaltérable de son humeur, l'aménité constante de son caractère, son ardeur infatigable au travail et sa persévérance peu commune dans les expériences en reçoivent encore un nouveau lustre. Peut-être aussi son esprit en prit-il cette tendance sérieuse qui, jointe à un goût inné, lui fit faire des progrès rapides dans l'étude des sciences physiques et naturelles. Sous la savante direction de son père, l'agronome éminent que la Société centrale d'Agriculture honore aujourd'hui comme son doyen, il ne tarda pas à se familiariser avec tous les secrets de la pratique agricole et horticole, mais de la pratique éclairée par les données de la science. Telle fut aussi, dès cet instant, la voie de laquelle il ne s'écarta plus, et, pendant toute son existence, il offrit l'exemple remarquable d'un praticien consommé, cherchant dans des principes physiologiques ou même dans la philosophie de la science son point de départ et son guide pour ses recherches expérimentales.

La série des écrits dans lesquels **M. L.** Vilmorin a consigné les résultats de ses travaux et de ses expériences a commencé en l'année 1838 ; il n'avait alors que vingt-deux ans. Dès ses premiers pas dans la carrière, il se fit remarquer par l'exactitude et la finesse de ses observations, par l'élévation de ses idées, par la justesse de ses aperçus. Sa place fut bientôt marquée parmi les représentants les plus éminents de la culture en France et, en 1845, la Société centrale d'Agriculture l'appela dans son sein, en remplacement de Leclerc-Thouin. Cet honneur ne fut pas isolé pour lui. Depuis l'année 1840, il appartenait à la Société centrale d'Horticulture, qui le considérait à bon droit comme un de ses membres les plus distingués. En 1849, la Société d'Encouragement pour l'Industrie nationale lui donna une haute preuve de son estime en l'appelant dans le sein de son Conseil d'administration ; la Société philomathique lui ouvrit ses portes en 1854 ; enfin plusieurs sociétés savantes et agricoles de la France et de l'étranger s'empressèrent d'inscrire sur leurs listes son nom déjà célèbre.

Avant de jeter un coup d'œil rapide sur les écrits que M. L. Vilmorin a publiés à partir de l'année 1838, permettez-moi, Messieurs, de vous présenter quelques réflexions sur leur ensemble.

Vingt-deux années remplies par des travaux incessants se sont écoulées entre la publication du premier mémoire de M. L. Vilmorin et la fin de sa laborieuse existence ; cependant ses écrits ne sont pas très-nombreux et tous sont également succincts. En 1859, il a eu l'heureuse idée de faire réimprimer ceux, au nombre de neuf, épars dans différents recueils, qui se rapportent à l'amélioration des plantes cultivées, sujet du plus haut intérêt, dont il s'est toujours vivement préoccupé. Une brochure de 64 pages les a tous réunis, et même un mémoire important de M. Vilmorin, père, a pu encore y trouver place. Cette circonstance, singulière en apparence, s'explique par la nature même de ces travaux et par une disposition d'esprit regrettable, j'oserais presque dire une faiblesse de leur auteur.

Dans le champ des expériences, de longues années se passent souvent à poursuivre un résultat que peu de lignes suffisent parfaitement à exprimer. Ainsi, au nombre des plus beaux travaux de M. L. Vilmorin, je n'hésite pas à compter ceux dont il s'est occupé sans relâche pendant plusieurs années, en vue d'augmenter la proportion du sucre contenu dans la Betterave et la richesse tinctoriale de la Garance. Quoique le résultat n'en soit pas encore définitivement acquis ou du moins fixé, tel qu'il existe aujourd'hui il n'en est pas moins de la plus haute importance, puisqu'un choix intelligent, opéré annuellement au milieu de plantes nombreuses, a fini par donner, pour le premier de ces végétaux, non pas une race entièrement constituée, le temps a manqué pour cela, mais des individus précieux par leur extrême richesse en matière sucrée, individus dont la descendance traitée par la même méthode conduira maintenant en peu de temps à la fixation d'une race possédant la même propriété. Or, quelque longue et pénible qu'ait été cette belle expérience, elle fournirait à peine la matière de quelques pages. D'un autre côté, M. L. Vilmorin éprouvait malgré lui, il l'avouait sans peine, une extrême répugnance à prendre la plume pour confier au papier le fruit de ses méditations, ou les résultats de ses travaux. Peut-être n'était-ce là qu'un effet de la modestie qui ajoutait encore au mérite de cet homme distingué ; mais, quelle qu'en ait été la cause, l'effet n'en est pas moins regrettable, puisque la science en a certainement perdu plusieurs écrits d'une grande valeur.

Le temps et l'espace me manquent pour essayer d'analyser ici tous les mémoires, articles de journaux ou notes dont M. L. Vilmorin a enrichi le *Bulletin de la Société centrale d'Agriculture*, celui de la *Société industrielle d'Angers*, la *Revue horticole*, le *Journal d'Agriculture pratique*, surtout le *Bon Jardinier*, ouvrage presque classique pour l'horticulture, auquel il attachait un intérêt particulier, et dans lequel il a conservé jusqu'à sa mort la direction de la partie relative aux plantes agricoles et potagères. Je me contenterai donc de rappeler en quelques mots à votre souvenir : sa note sur le Quinoa, le premier produit de sa plume ; son travail sur le *Polygonum tinctorium* Lour., qui suivit de près le premier, et que des juges compétents regardèrent comme étant déjà l'œuvre d'un maître ; celui sur le Peuplier d'Italie, qui eut pour objet d'apprendre à l'Europe qu'elle possède une excellente matière tinctoriale jaune dans l'écorce du bel arbre que son port svelte et gracieux a élevé au rang d'une de nos espèces ornementales les plus répandues ; ses belles recherches sur la Rouille des céréales, considérée surtout au point de vue de l'aptitude qu'ont les différentes variétés de Froments à en être attaquées ; ses articles insérés dans le *Bon Jardinier*, et tous dès lors bien connus de vous, qui ont pour sujet les espèces et variétés d'Orges et d'Avoines, les plantes fourragères et potagères ; un mémoire important sur l'étude et la classification des Féveroles, qui a été inséré dans le *Bulletin de la Société centrale d'Agriculture ;* un travail analogue sur les variétés de Pommes de terre, qui a trouvé place dans le même recueil ; enfin quelques autres écrits dont l'examen détaillé m'entraînerait trop loin et m'exposerait à fatiguer votre bienveillante attention. Mais je dois m'arrêter sur ceux des travaux de M. L. Vilmorin que lui-même regardait comme l'œuvre de sa vie entière, ou dans lesquels des vues physiologiques élevées l'ont conduit à des résultats pratiques d'une utilité majeure.

Vous connaissez tous, Messieurs, son *Catalogue synonymique des Froments*, œuvre considérable dissimulée sous un titre et une apparence trop modestes. Les agriculteurs comme les botanistes déploraient depuis longtemps le désordre inextricable qui régnait parmi les variétés de la plus précieuse de nos céréales, désordre qui résultait non-seulement du grand nombre de ces variétés elles-mêmes, mais encore de l'accumulation sur la plupart d'entre elles de plusieurs noms locaux, souvent différents pour une même forme, souvent aussi semblables pour des formes diverses. Établir un ordre rigoureux au milieu de ce chaos était un travail urgent et nécessaire, mais que bien peu d'hommes, quel que fût leur zèle pour la science, auraient eu le courage ou même le pouvoir d'entreprendre. Il fallait, en effet, réunir d'abord les Blés de tous les pays, les cultiver ensuite, pour les étudier attentivement et d'une manière comparative sur le vivant, afin d'arriver à en reconnaître les identités et les dissemblances dissimulées sous les dénominations locales. Grâce aux vastes relations que possède sa maison pour le commerce des graines, M. Vilmorin, père, avait pu déjà réunir et classer en partie dans ses cultures expérimentales, une précieuse collection de Froments. Son fils reprit et compléta son œuvre; plusieurs années d'études comparatives lui permirent enfin de dresser son Catalogue synonymique, fruit d'un travail immense, bien qu'on ne dût y voir, en réalité, que le prodrome d'un ouvrage étendu, que sans doute il n'aurait pas manqué de publier plus tard. A mon avis, et j'ose croire que tous ceux qui connaissent les difficultés souvent presque insurmontables qu'offrent l'histoire botanique et l'arrangement méthodique des plantes cultivées partageront mon opinion, ce Catalogue est l'œuvre capitale de M. L. Vilmorin. On y voit, en effet, réunies d'après l'ordre synonymique et classées en 53 sections nettement caractérisées, qui rentrent, à leur tour, dans 7 espèces botaniques, toutes les variétés et formes de Froments que rassemble la collection Vilmorin, c'est-à-dire toutes celles qui ont quelque intérêt comme plantes de grande culture. Peut-être cependant notre siècle positif, qui recherche avant tout l'utilité directe et matérielle, et qui fait trop souvent bon marché de l'intérêt scientifique, donnera-t-il la préférence aux travaux de notre auteur qui ont eu pour objet l'amélioration des plantes cultivées.

Ces derniers travaux, au nombre de 9, ont été réunis récemment dans une même brochure qui porte le titre collectif de *Notice sur l'amélioration des plantes par le semis, et considérations sur l'hérédité des végétaux*. Permettez-moi, Messieurs, au lieu de les examiner chacun en particulier, de m'attacher surtout à mettre en relief les idées générales qui les dominent.

La production de variétés nouvelles dans les espèces cultivées et leur fixation en races sont, il faut bien l'avouer, abandonnées presque exclusivement au hasard par la grande majorité des horticulteurs. En général, lorsqu'une forme nouvelle apparaît dans leurs cultures, à la suite de semis faits à peu près à l aventure, ils la conservent par les moyens de propagation qui se réduisent à une simple extension des individus, c'est-à-dire par les caïeux, si c'est une espèce bulbeuse, par les boutures, les marcottes et les greffes, si c'est une plante vivace ou ligneuse ; mais on les voit bien rarement, je ne crains guère de me tromper en le disant, faire une succession de semis en vue d'obtenir des variétés pourvues de telle ou telle qualité, en arrêtant, dès le début, un plan d'expériences et s'y conformant ensuite rigoureusement. Ce qu'ils négligent de faire, M. L. Vilmorin l'a fait pendant plusieurs années, et les principes physiologiques qu'il a posés à cet égard ont bientôt reçu chez lui la sanction de l'expérience. Les résultats importants auxquels ils l'avaient déjà conduit permettaient d'espérer de lui une notable amélioration de nos espèces cultivées les plus précieuses, si une mort prématurée n'était venue terminer sa brillante mais trop courte carrière.

Les changements qu'on désire déterminer dans les plantes cultivées peuvent porter sur des qualités directement appréciables à nos sens, telles notamment que le coloris des fleurs, ou sur des propriétés intérieures et dont la constatation exige des recherches de divers genres, comme la richesse en sucre, en huile, en matières tinctoriales, etc. Sous le premier rapport, M. L. Vilmorin s'est occupé particulièrement de la production des panachures dans les fleurs colorées. Or il a reconnu qu'une plante à fleurs colorées naturellement d'une teinte uniforme, avant de donner des variétés à fleurs panachées, doit passer par l'intermédiaire d'une variété à fleurs blanches. Une fois celle-ci obtenue, on a tout lieu d'espérer que, retournant ensuite plus ou moins rapidement à son type coloré, elle produira des plantes à fleurs panachées, qu'on empêchera de rentrer dans le type unicolore en choisissant toujours pour porte-graines des pieds dont les fleurs soient aussi blanches que possible. Je crois pouvoir assurer que cette observation intéressante a été faite aussi par d'autres horticulteurs; mais je ne sache pas qu'aucun d'eux l'ait publiée, ni surtout qu'il l'ait érigée en doctrine, comme l'a fait M. L. Vilmorin. Cet habile observateur a vu, d'un autre côté, que les fleurs ponctuées n'exigent pas l'intermédiaire de la variété blanche, et qu'elles sortent directement du type primitif de coloration uniforme.

Le second objet, c'est-à-dire l'amélioration des plantes au point de vue des substances qui leur donnent leur mérite principal, souvent même unique, a occupé M. L. Vilmorin pendant toute sa vie. Pour l'atteindre, il a combiné la méthode de la sélection, c'est-à-dire du choix raisonné des parents ou porte-graines, avec celle des semis successifs par lignes généalogiques distinctes. Or le point capital, dans cet ordre d'expériences, était d'établir des principes qui pussent servir de guide dans le choix des reproducteurs. A cet égard, quelques idées vagues, qui avaient cours en physiologie, ont été pour lui un simple point de départ dont il s'est éloigné de plus en plus, élargissant la voie à mesure qu'il la parcourait, et il a fini par arriver à une théorie complète dont plusieurs admirables expériences ont été bientôt une heureuse application et en même temps la justification la plus démonstrative.

D'après ces idées, lorsqu'une graine va germer, elle est sollicitée par deux tendances ou deux forces qui agissent en sens contraire sur la plante encore au début de son développement : l'une est la tendance à ressembler aux pères ou ascendants, c'est-à-dire ce que Duchesne et Sageret ont appelé l'*Atavisme* ; l'autre est la tendance aux variations individuelles ou l'*Idiosyncrasie*. C'est en vertu de celle-ci que, parmi les plantes provenues d'un même semis, il s'en trouve fréquemment qui offrent, sous certains rapports, avec le type de l'espèce, des différences marquées dont la nature amène ordinairement l'extinction, dans la marche normale des choses, mais que l'homme peut parvenir à conserver et même à fixer ; c'est, au contraire, par l'effet de celle-là que les types spécifiques se maintiennent au milieu des variations individuelles. A son tour, l'atavisme lui-même n'est pas une tendance unique, mais plutôt la somme de deux tendances, dont l'une entraîne la ressemblance de la plante avec le père direct et constitue l'*hérédité*, tandis que l'autre, à laquelle reste le nom d'*atavisme* proprement dit, détermine en elle la reproduction des caractères qui ont distingué les générations antérieures au père. L'atavisme agit moins directement en quelque sorte, mais avec plus de persistance que l'hérédité ; dès lors, annihiler graduellement son action dans les semis successifs qui ont pour but une modification du type spécifique est le premier objet que doive se proposer l'expérimentation. Pour y parvenir, on devra prendre pour porte-graines, à la première génération, l'individu qui s'éloigne le plus du type, non pas dans le sens vers lequel on se propose de marcher, mais dans un sens quelconque; à la seconde génération, on choisira le pied qui différera le plus de celui qui avait été préféré pour la première génération. En continuant ainsi de choisir, pendant quelques générations successives, des reproducteurs aussi dissemblables entre eux que possible, on *affolera* la plante, c'est-à-dire qu'on la rendra capable de présenter des écarts considérables, d'une génération à l'autre, c'est-à-dire encore qu'on aura détruit pour elle l'action éminemment persistante de l'atavisme. Dès lors il ne restera plus qu'à faciliter, dans cette nature ainsi assouplie, le développement et la fixation des caractères dont on veut la voir finalement revêtue; dans ce but, on n'aura qu'à suivre la marche connue de la sélection en vue de la formation des races, en d'autres termes, à éviter les écarts autant qu'on les avait recherchés jusqu'alors, et à prendre constamment pour porte-graines les individus qui possèderont au plus haut degré le caractère en vue duquel a été faite l'expérience. On arrivera ainsi, après quelques générations, à obtenir des plantes chez lesquelles la *constance d'habitude* sera presque complète, et qui dès lors seront la souche d'une race qu'il restera seulement à propager et à maintenir.

L'hérédité elle-même donne lieu à une considération d'une haute importance. En effet, différents individus d'une même espèce transmettent, à des degrés fort inégaux, aux plantes qui sortent d'eux, la faculté de conserver les caractères qu'ils possèdent eux-mêmes; de là résulte la nécessité de récolter et semer séparément les graines produites par chaque porte-graines. Cette précaution, facile à prendre, mais essentielle, hâte et assure le résultat définitif.

Cette belle théorie une fois arrêtée dans son esprit, M. L. Vilmorin a songé à en faire l'application, et, dans ce but, il a commencé une série de vastes expériences qui resteront au premier rang parmi celles que nous offre l'histoire de la science. Dès 1850, il exprimait à la Société centrale d'Agriculture sa croyance à la possibilité d'obtenir, par une suite de semis méthodiques, une race de Betteraves plus riche en sucre que celle qu'on cultive habituellement. La même année, il commençait, afin de réaliser sa prévision, une grande expérience qu'il a poursuivie jusqu'à son dernier moment. Expérimentateur ingénieux, travailleur infatigable, il a dû essayer successivement diverses méthodes pour parvenir à reconnaître avec certitude et sans perte de temps, au milieu d'un grand nombre d'individus, ceux qui se recommandaient entre tous par leur richesse en matière sucrée. Maître enfin d'un procédé à la fois exact et rapide, il s'est livré à un nombre immense d'analyses et de pesées qui, chaque année, lui ont permis de choisir ses porte-graines. Au début, les Betteraves choisies qu'il examinait lui offraient des variations considérables (de 4 à 14 de sucre p. 100) et une médiocre richesse saccharine; dès la troisième génération, elles avaient accompli, sous ces deux rapports, des progrès surprenants, et quelques-unes renfermaient déjà jusqu'à 21 pour 100 de sucre. Ce chiffre était encore dépassé et les variations s'étaient presque effacées, de telle sorte qu'il ne restait plus qu'à fixer définitivement la précieuse race dont la souche avait ainsi pris naissance, lorsque la mort est venue le frapper au milieu de cette magnifique expérience, dont le monde agricole tout entier désire vivement et a tout lieu, je crois pouvoir le dire, d'espérer la continuation.

La Garance, le Colza, les plantes textiles, etc., sont devenus ensuite, à leur tour, l'objet des préoccupations de M. L. Vilmorin. Il instituait de nouvelles expériences, en vue d'amélioration et d'après les mêmes principes, en 1856, sur la Garance, en 1858, sur le Colza, sur les espèces textiles, etc. Par ses soins, et sous sa direction, M. André Leroy, d'Angers, se chargeait, en 1851, de travailler à la formation d'une race d'Ajonc sans épines; enfin la plupart de nos plantes cultivées pour leurs produits devaient avoir successivement leur part dans les travaux de notre éminent collègue, car il disait lui-même : « Cette étude de la transmission héréditaire des caractères a été et sera celle de toute ma vie. » Pourquoi faut-il que la source de tant de bienfaits qu'attendait la première des industries ait été tarie de si bonne heure?

Messieurs, cette notice sur M. L. Vilmorin serait injustement incomplète, si, après avoir essayé de faire ressortir devant vous la haute valeur et l'originalité de ses travaux, je ne rendais un légitime hommage aux trésors de vertu qui remplissaient son cœur. Ses inappréciables qualités ne se concentraient pas entièrement dans sa famille qui l'adorait; elle s'épanchaient encore au dehors sur ses nombreux amis, sur les employés de sa maison, qui trouvaient en lui des bontés paternelles, même sur ses voisins, qui, chaque jour, le prenaient pour arbitre de leurs différends et qui se soumettaient docilement à ses décisions toujours dictées par une équité bienveillante. Sa charité sans bornes s'exerçait avec cette discrétion délicate, ce mystère même qui double le prix des bienfaits; on peut dire avec raison que sa main gauche ignorait ce que donnait la droite, et, à sa mort seulement, des notes, scrupuleusement cachées jusqu'alors, ont révélé le nombre considérable et l'importance des dons par lesquels il a su adoucir bien des souffrances connues de lui seul. A une époque où le goût des plaisirs règne dans toutes les classes de la société, où le besoin de distractions frivoles semble être universel, où les simples relations sociales absorbent sans fruit l'existence presque entière d'une foule d'hommes distingués par leur intelligence, quelquefois même éminents par leur science ou leur génie, M. L. Vilmorin se consacrait sans partage à sa famille, à l'étude, à la direction de ses cultures et de la maison commerciale dont il était le chef. « De là, comme l'a dit une voix éloquente, cette vie calme, retirée et laborieuse, qui rayonne, dans notre siècle frivole et agité, comme un reflet de la sagesse antique. »

Animé d'un zèle ardent pour la culture, il saisissait avec empressement toutes les occasions d'en hâter les progrès. Aussi, Messieurs, avec quel empressement ne l'a-t-on pas vu répondre à l'appel qui lui a été adressé toutes les fois qu'une Exposition agricole lui a permis de faire servir au bien public les connaissances profondes et variées qu'il avait puisées dans ses études, dans ses travaux spéciaux sur les plantes de la grande culture, dans la direction du commerce de graines que la maison Vilmorin-Andrieux a depuis longtemps élevé très-haut parmi nous? En 1848, une brillante Exposition à la fois agricole et horticole eut lieu à Bruxelles; notre illustre collègue s'empressa d'y chercher de précieux éléments d'une comparaison attentive entre la culture belge et la nôtre, et, l'année suivante, les notes qu'il avait recueillies avec un soin extrême lui fournirent les éléments d'un rapport éminemment instructif qui fut imprimé dans le Bulletin de la Société industrielle d'Angers. En 1855, l'Exposition universelle attira dans Paris les produits du monde entier. M. L. Vilmorin, appelé à prendre place dans la section du Jury qui avait pour sujet d'étude les produits de l'agriculture, oublia jusqu'à ses infirmités et au soin de sa santé pour remplir avec une exactitude scrupuleuse, pendant plusieurs mois de suite, la mission honorable dont son amour pour son pays et son zèle pour l'agriculture l'avaient déterminé à se charger; zèle funeste! car, trop oublieux de lui-même, il puisa dans les nombreuses et longues séances auxquelles il prit part le germe d'une maladie qui devait devenir bientôt mortelle.

Enfin, Messieurs, en 1857, la Société impériale et centrale d'Horticulture, aidée du concours éclairé de M. le maréchal Vaillant, alors Ministre de la guerre, joignit à son Exposition horticole une riche Exposition des produits de notre colonie africaine. M. L. Vilmorin, que des motifs dont je n'ai pas à m'occuper tenaient malheureusement éloigné de nos séances, n'hésita pas à répondre à l'appel qui lui fut adressé. Il se chargea de l'examen des garances, des cochenilles, des plantes fouragères, des céréales; et les notes recueillies de sa bouche, pendant les séances de la Commission d'examen, m'ont fourni la matière de l'un des principaux chapitres du Rapport relatif à l'Exposition algérienne.

Ce dévouement sans bornes aux intérets de la culture s'est manifesté dans une autre circonstance dont le souvenir m'est trop précieux pour que je ne vous demande pas la permission de la rappeler en peu de mots.

Lorsque l'Institut agronomique fut fondé, en 1849, M. L. Vilmorin vit dans cette création une institution qui devait exercer désormais une puissante influence sur les progrès de l'agriculture française. Aussitôt, et sans attendre une demande, il s'empressa de commencer, pour le nouvel établissement, une collection complète de céréales représentées, non comme d'habitude, par les épis détachés, mais par les plantes arrachées tout entières au moment de la maturité. Il ne prévoyait pas que l'existence de cet Institut ne durerait pas même les trois ou quatre années nécessaires pour terminer cette précieuse collection!... Un peu plus tard, en 1852, l'auteur de cette notice fut chargé de créer à Versailles, dans une dépendance du même établissement, un jardin de botanique agricole. M. Vilmorin offrit aussitôt toutes ses richesses en semences de toute sorte, et, grâce surtout à ses dons, ce jardin, auquel le sort ne réservait que peu de mois d'existence, était à peine tracé qu'il formait déjà un utile champ d'étude d'autant plus précieux qu'il était unique en France !...

Tant de nobles qualités, une vie si exemplaire devaient avoir leur récompense sur la terre; Dieu ne l'a pas refusée à celui qu'il avait affligé au physique en le douant si richement au moral. M. L. Vilmorin a joui de toutes les joies de la famille, et, à l'âge de 25 ans, il a eu le bonheur de doubler son existence en y associant une jeune personne aussi riche des qualités du cœur que des dons de l'esprit, Mlle Élisa Bailly, noble femme dont le tendre dévouement l'a soutenu, aidé même dans ses travaux et a su verser sur ses souffrances le baume des plus douces consolations.

Depuis quelques années, la santé de M. L. Vilmorin avait subi une nouvelle altération. Une maladie du cœur, dont les premiers symptômes paraissent remonter à l'année 1855, était venue achever d'ébranler une organisation déjà trop cruellement éprouvée auparavant. Les progrès en ont été lents mais incessants ; et elle a fini par amener à sa suite des désordres intérieurs d'une extrême gravité. Les forces humaines ne pouvaient résister plus longtemps à de si cruelles atteintes ; M. L. Vilmorin y a succombé, le 22 mars 1860, avant même d'avoir terminé sa 44e année, avec la résignation de l'homme de bien, avec le calme et la confiance du chrétien convaincu.

Ainsi s'est éteinte prématurément cette grande intelligence qui de bonne heure avait su marquer son rang parmi les maîtres de la science; ainsi ont été brusquement arrêtés ces grands et utiles travaux qui promettaient à la France un accroissement considérable de ses richesses agricoles, à la science une brillante suite de conquêtes et de progrès.

Paris. — Imp. horticole E. DONNAUD rue Cassette, 9.

www.ingramcontent.com/pod-product-compliance
Ingram Content Group UK Ltd.
Pitfield, Milton Keynes, MK11 3LW, UK
UKHW012132240726
13965UKWH00005B/2123

9 782012 995741